… Sogar die Moral selbst ist in ihrer eigensten Natur völlig durchsetzt und kompromittiert von den scharfen und bösen Grundeigenschaften unseres Geistes; schon ihre Gestalt als Regel, Norm, Befehl, Drohung, Gesetz und Gut wie Böse quantifizierende Abwägung zeigt den formenden Einfluß des metrischen, rechnenden, mißtrauischen, vernichtungswilligen Geistes.

Diesem Geisteszustand steht jedoch ein andrer gegenüber der historisch nicht minder nachweisbar ist, wenn er sich auch unsrer Geschichte weniger stark aufgeprägt hat; er ist mit vielen Namen bezeichnet worden, die alle eine unklare Übereinstimmung tragen. Man hat ihn den Zustand der Liebe genannt, der Güte, der Weltabgekehrtheit, der Kontemplation, des Schauens, der Annäherung an Gott, der Entrückung, der Willenlosigkeit, der Einkehr und vieler andrer Seiten eines Grunderlebnisses, das in Religion, Mystik und Ethik aller historischen Völker ebenso übereinstimmend wiederkehrt, wie es merkwürdig entwicklungslos geblieben ist.

Dieser andere Geisteszustand wird immer mit ebenso großer Leidenschaft wie Ungenauigkeit beschrieben, und man könnte versucht sein, in diesem schattenhaften Doppelgänger unsrer Welt nur einen Tagtraum zu sehen, wenn er nicht seine Spuren in unzähligen Einzelheiten unseres gewöhnlichen Lebens hinterlassen hätte und das Mark unsrer Moral und Idealität bilden würde, das zwischen den harten Fasern des Bösen liegt. Man muß es sich, wenn man nicht eigene eingehende Forschungen zur Grundlage hat, heute versagen, mehr über Bedeutung und Wesen dieses anderen Zustands sagen zu wollen, denn unser Wissen von ihm war bis vor kurzem noch so, wie unser übriges Weltwissen ungefähr im zehnten Jahrhundert war; hebt man aber aus den reinen Beschreibungen in seiner Jahrtausende alten Literatur einige übereinstimmende Hauptkennzeichen heraus, so findet man immer wieder das Dastehn einer andern Welt, wie ein fester

Meeresboden, von dem die unruhigen Fluten der gewöhnlichen zurückgetreten sind, und im Bilde dieser Welt gibt es weder Maß noch Genauigkeit, weder Zweck noch Ursache, gut und böse fallen einfach weg, ohne daß man sich ihrer zu überheben brauchte, und an Stelle aller dieser Beziehungen tritt ein geheimnisvoll schwellendes und ebbendes Zusammenfließen unseres Wesens mit dem der Dinge und anderen Menschen. ...

*Robert Musil / Ansätze* zu *neuer Ästhetik.* Bemerkungen über eine Dramaturgie des Films (1925)

Gedichtband I

# Jede Woche ein Gedicht,

# oder wie ein Stuhl mit seiner Kette bricht !

**52 Gedichte von Frank Sauer**

**9 Illustrationen von Isak Ladegard**

Dieses Buch ist meinem Freund Isak Ladegard gewidmet, der leider viel zu früh starb.

## 1. Woche: Am Ufer

Am ander´n Ufer sitze ich,
die Fahne flattert,
sagt und plappert:
Hullahopp, hullahopp,
die Zeit frisst der Galopp.

Am anderen Ufer sitze ich
und erinner´ mich:
Gut geht´s uns heut´,
gut geht´s uns heut´.
Denn auch die guten Leut´
sitzen am ander´n Ufer
und fangen an mit der Geschicht´:
Gut geht´s uns heut´,
gut geht´s uns heut´
und wissen nicht,
wie langsam doch
die Zeit verstrich.

Am ander´n Ufer sitze ich,
die Fahne flattert,
sagt und plappert:
Hullahopp, hullahopp,
gut geht´s uns heut´,
gut geht´s uns heut´.

## 2. Woche: Der gesunde Menschenverstand

Der gesunde Menschenverstand
ging mit fünf Leichtmatrosen an Land.

Wer hier die Hosen anhat
ist wohl klar!

Fahr zur Hölle,
riefen die fünf Buben
und schlugen den armen Verstand
windelweich.
Der wurd´ ganz bleich
und verschwand.

Die fünf Leichtmatrosen
tanzten nun ohne Hosen
und johlten
im Reich der Versohlten,
und man fand dann sogleich
im Verbund mit viel Fleisch
den Verstand
sich im Laken
verhaken.

Fünf Leichtmatrosen
hatten die Hosen
voll.

Der Verstand fand´s ganz toll
und schenkte dem Ersten
dann fünf Rosen.

### 3. Woche: Das rote Tuch

Ein rotes Tuch,
das lachte viel,
bis es in einem Buch
entdeckte,
dass es viel zu viel versteckte.

"Das habt ihr nun davon",
rief das Tuch in´ Salon
und riss sich entzwei.

Gleich beim ersten Versuch
waren es drei rote Tücher,
die nichts mehr zu lachen hatten.
Also nähten sie sich
an schwarze Latten
und sassen am Tisch
wie die wilden Tiere.

Die armen Stiere,
dachte das Erste der Roten
und verschwand
kurzerhand
im Reiche der Toten.

Das Zweite
wollte nur dienen
und fuhr wie auf Schienen
zum Himmel empor.

Das Dritte schließlich
besann sich
und bekam als rotes Tuch
unglaublich viel Besuch.

Ein rotes Tuch,
das lachte viel,
bis es in einem Buch entdeckte,
dass es auch als Drittes
viel zu viel versteckte.

## 4. Woche: Moderne Getränke

Moderne Getränke gibt es nebenan.
Wie eine Perle hängt ein Tropfen da dran,
dort nebenan,
wo die Getränke modern sind.

Ich schaue nach oben,
wo die Perle ich find,
und bin ganz gerührt,
wie verschlungen sie führt
ihre Hand auf und ab.

Trap, trap, trap,
trap, trap, trap.

Dann hör´ ich sie zischen
und im Trüben fischen.
Die Flasche springt auf,
dort nebenan,
wo die Getränke modern sind
für mich und für jedermann.

## 5. Woche: Die Mücke

Ich rette was zu retten ist
und mach mit Tücke
und viel List
aus jeder Mücke auch mal Mist.

Gelingt mir dann ein Wonnestück,
besorg ich mir ´nen Strick
und leg der Mücke
mit viel Tücke
eine Schlinge um´s Genick.

Dann strampelt eifrig
das Insekt
in meiner Falle
und verreckt,
bis jeder checkt:

Ich bin´s,
das Insekt.

## 6. Woche: Der Baum Teil 1

Ein Baum, der hat so seine Mucken,
schliesslich will man ja durchgucken.
Schnell wird der Bohrer angesetzt,
der Baum im Innersten verletzt.
Das Loch im Baum ist schnell gebohrt,
fluchtartig verlässt man dann den Ort.

Das war Mord,
ruft die Sophie.
Man sinkt auf´s Knie
und bittet um Vergebung.
Doch dann wird´s Frühling,
und wie in einer grossen Symphonie
ist´s grün in der Umgebung.

Das Messer schnell gewetzt,
nicht lange rumgeschwätzt,
der Baum, der hat so seine Mucken,
jetzt muss er weg.

## 7. Woche: Die Reise

Ganz leise
und voller List
berührt er den Zahn seiner Reise
und ist
auf sonderbare Weise
ganz fasziniert
vom Rest
seiner Meise.

"Schraube locker",
ruft der kleine Vogel
ganz kühn und laut.

Doch das haut
unseren Held nicht vom Hocker,
denn der weiss ganz genau,
wie schlau
er ist.

Denn wer den Zahn seiner Reise
ertastet.
und mit viel Liebe
sein Glück sich erhastet,
der kann auch mit Vogel,
und sei der noch so laut,
ganz gut leben,
bis der Sturm und das Beben
abflaut.

## 8. Woche: Am Tisch (vor Fisch)

Am Tisch
vor Fisch
ringt der Erwachsene mit sich.

"Soll ich, oder soll ich nicht?"
fragt er den Fisch.
Doch der bleibt stumm.

Vor Schreck fällt der Erwachsene um
und reisst den Fisch
samt Tisch
mit ins Delirium.

Dann wacht er auf
am ander´n Tag
und fragt den Fisch,
ob der ihn mag

Der Fisch bleibt stumm
und spricht,
"die Zeit ist um,
jetzt kommt das Licht".

Das Licht geht an,
er wird zum Mann,
am Tisch
vor seinem Fisch.

## 9. Woche: Der Misanthrop

Der Misanthrop
war fein heraus,
als unter Lob
und viel Applaus
sein rechter Arm
´ne Hand
zum Schütteln fand.

Doch als er spürt
wie wohlgemut
die fremde Hand
ihn weiterführt,
ruft er voll Wut:
"Jetzt reicht´s!
Ich nehm´ den Hut
und geh´ nach Haus."

Trotz Lob
und viel Applaus
schlich unser Misanthrop
zu später Stund´
zum Kleiderschrank.
und fand ´nen Hund.

Dann wurd´ er krank
der arme Mann,
denn mit Verband
um seine Hand
er ums verrecken
nichts zum schütteln fand.

## 10. Woche: Kunterbunt

Schwarz ist Eins,
ich hab noch keins.
Die Zwei ist weiss,
jetzt kommt´s ganz leis.
Das Rot ist Drei,
jetzt sind´s schon Zwei.

Die Vier ist blau,
und stimmt mit ein,
die Fünf ist gelb,
die Sechs ist grün
und bringt´s zum glüh´n.

Jetzt seh ich´s ein,
die Null wird´s sein.

## 11. Woche: Der Wille

In der Stille
mit grossem Gebrüll
hatte der Wille
ein dumpfes Gefühl.

"Will ich,
oder will ich nicht?",
sprach er leise zu sich
und blinzelte
in´s gleissende Licht.

Vom Mut dann verlassen
winselte er
heiter und ganz gelassen
bei dunklerem Licht:
"Ich will nicht."

## 12. Woche: Der Idiot

Ein tumber Idiot,
der sass ganz allein
mit Wasser
und Brot
vor helldunklem Wein.

Da sprach der Herrgott:
"Man kann nichts mehr machen,
du musst damit leben,
dass alle dich auslachen."

Der tumbe Idiot
nun völlig daneben
sprach: " Lieber Herrgott,
wonach soll ich nun streben?
Wenn alle nur lachen
und lange Nasen machen,
vergeht mir die Lust."

Ein zweiter Idiot
mit demselben Frust
setzt sich zu ihm
an den Tisch.

Zwei tumbe Idioten,
die sitzen allein
mit Wasser
und Broten
vor helldunklem Wein

## 13. Woche: Valerie und Valera

Valerie und Valera,
mit großem Getöse
sitzt sie da
und hat ´nen Mann am Gekröse.
Mit der einen Hand
sucht sie,
mit der anderen
flucht sie,
und ist ganz erstaunt
wenn man
Valerie und Valera
ruft.

Valerie und Valera,
mit großem Getöse
sitzt sie da.

Doch dann gut gelaunt
hört sie,
wie man versucht
Valera und Valerie
auf die Zunge
zu biegen.

"Ihm wird das Lachen
schon verfliegen,
wenn wir Liebe machen",
denkt sie
und sieht
voll Poesie
ein Bild mit Siegelring.

Worauf das junge Ding
aus dem 1. Bezirk
ganz wild
und ungestüm
die Haare zurückwirft.

## 14. Woche: Die Wellen

Ich hör´ sie bellen
an meinem Ohr,
die riesigen Wellen.

Es klingt wie Grollen,
als ob die Massen
sagen wollen:
"Hey, kleiner Wicht,
vergiss uns nicht.
Denn keiner kann bellen
wie wir Wellen."

Doch dann ein Trick
mit munterer Hand,
jetzt geht´s erst los.
im tosenden Land.

Ich schaue nach unten
und seh´ genüsslich zu,
wie Wellen grollen.
Und dann im Nu
ist auch mein Wollen
mit den Wellen
dort am tollen.

Jetzt sind sie weg,
ich hör´ nichts mehr,
und hab ´nen Fleck
an meinem Revers.

## 15. Woche: Kreisrund

Kreisrund
verdreh´n die Worte
sich im Mund.
Anstatt dem lieben Gott
sein Leid zu klagen,
liegen sie nur schwer im Magen.

Auch am Ort
des Geschehens,
dort,
wo was los ist,
reden sie nur Mist.
Wie in der Nacht,
wenn wir sie suchen,
um mit aller Macht
die Welt zu verfluchen.

Doch dann im Kreis
mit flinker Zunge
laufen sie heiss
und rufen:
"Braver Junge,
braver Junge."

## 16. Woche: Der Schlendrian

Ein gewisser Schlendrian
kam ohne viel Mühe
ans Leben heran.

Er sprang
dreimal mit Fleiss
und sang:
"Ich weiss,
wo´s lang geht."

Doch eines Morgens
in aller Frühe
fand er sich
nur mit Mühe
wieder.
Die Glieder
taten ihm weh,
dem Gecken.

Selbst unter drei Morgendecken
wurd ´s ihm dann kalt.
Und er befand,
er sei zu alt
zum Müssiggang.

Die Tat getan,
stand dann
der alte Mann
im Rock mit Seidenband,
bis ein gewisser Schlendrian
ihn wiederfand.

## 17. Woche: Die Rechnung

"Die Rechnung
macht den Meister",
sagte die Ursel,
und hatte am Ende
ihre Hände
in Unschuld gebadet.

Doch dann,
ganz unerwartet,
ist so ´ne Rechnung
für ein junges Ding,
wie die Ursel,
trotz Mann
und Gesang
viel zu gering.

"Die Rechnung
macht den Meister",
sagte die Ursel
und hatte den Drang,
die Geister
und ihre Hände
in Unschuld zu baden.

## 18. Woche: Der Hammer

Er hämmert und hämmert
mit Nägeln ganz fein
und schaut ganz belämmert,
wenn keiner geht rein.

Jetzt fragt er das Holz
und streichelt das Fleisch:
"Warum bist du so stolz
und redest nicht gleich?"

Das Holz wartet lange,
dem Hammer wird bange,
der Nagel der sticht,
bis ein Ästchen abbricht.

Endlich hört man ein Wort,
das Holz wird ganz rege,
und verflucht diesen Ort
mit seltsamer Schräge.

Der Nagel sofort
seinem Hammer jetzt beichtet:
„Der Jammer
ist gross,
als der Hammer
lässt los
die Hand,
die ihn
klammert."

## 19. Woche: Der Tausendmann

Er war der Mann der tausend Bilder.
Sie waren wie Schilder,
die ihn tagein tagaus bekehrten.
Doch dann oh´ Graus,
als drei sich bitterlich beschwerten,
ging er hinaus,
um den sehr verehrten
Bildern
den Marsch zu blasen.

Dann sassen
ganz ruhig er
und die Bilder
und vergassen,
wie sehr
doch die Schilder
sein Leben auffrassen.

Er ist der Mann
der tausend Bilder
und kann,
wenn´s sein muss
mit einem Schuss
allen Tausend
hinter der Stirn
das Hirn
wegblasen.

Er war der Mann der tausend Bilder
und liebte vor Allem eins:
seine Schilder.

## 20. Woche: Der volle Bauch

Ein voller Bauch
der knurrt nicht mehr
und hat´s doch schwer.

Er irrt von hier nach da
mit bangem Blick nach oben,
und langsam wird ihm klar,
dort droben
sitzt ein Narr.
Vor lauter Essen
hat der wohl vergessen
wie´s unten war.

Nun gut,
mit neuem Mut
erklärt der Bauch sein Ziel:
Er will,
dass der dort oben
sich verschluckt

.

Doch der guckt
nur gelangweilt
nach unten.
Das leichte Jucken
im Bauchbereich
kommt wohl vom Fleisch,
denkt er
und kratzt sich die Birne weich.

Der Bauch,
leicht angeschlagen,
nennt sich nun Magen.

Doch ob Magen oder Bauch,
das Grüssen geht schwer,
man steht auf dem Schlauch
und liebt sich doch sehr.

## 21. Woche: Der Dieb

Piep, Piep,
wo ist der Dieb?
Mit wunden Beinen
steht man dort
und drückt das Piepen
einfach fort.

Die Luft ist mild,
der Dieb geht weiter,
zum nächsten Bild,
das strahlt ganz heiter.

Man hört ein Piep,
der Mann wird wild
und sieht die Leiter
auf unserem Bild.

Der Dieb läuft rauf
zum nächsten Mann,
doch der ist schlau
und fängt gleich an.

Er drückt und flucht,
der Dieb wird sauer
und sucht
den Ausgang
in der Mauer.

Dann schreit der Dieb:
"Ich bin soweit,
jetzt drück mich fort
von diesem allerliebsten Ort."

Ein Fluch,
ein Drücken,
es piept
zum Blümchen pflücken.

Jetzt ist er weg, der Dieb,
und hat ja dich und mich
auch lieb.

## 22. Woche: Der Stuhl

Ein Stuhl, der spricht nicht viel.
ʹNe Kette hängt zum Spiel
über seiner Lehne
und sieht bloss zu,
wie voller Häme
ein Stuhlbein ohne Schuh
den andern
auf die Füsse tritt.

Die Kette zieht sich zu.
Der Stuhl, der nie viel spricht,
stöhnt auf vor Schmerz
und ruft: "Du Wicht,
mein zugeschnürtes Herz,
das kriegst du nicht."

Die Kette,
nicht auf den Mund gefallen,
fängt trotzdem an zu lallen:
"Mein kleiner Stuhl,
mein liebstes Stück,
bleib nur ganz cool,
ich töt' dich nicht.
Denn du hast Glück,
ich will nur deinen Beinen
ein wenig Anstand zeigen."

Der Stuhl fängt an zu weinen,
sich schwer nach links zu neigen.

Das Paar fällt um,
die Kette bricht,
der Stuhl kommt um,
die Kette nicht.

### 23. Woche: Der zweite Kuss

Sie sagt:
"Liebe ist mehr als ein Kuss."

Er fragt:
"Was hast du gesagt?"

Sie sagt, dass Liebe mehr als ein Kuss ist.

Er nimmt sie in die Arme
und küsst
(und küsst)
die Dame
bis in den Tod.

"War das Liebe?"
fragt er die Tote.

In seiner Not
da regt sie sich
und spricht:
"Ich lieb dich nicht."

„Dein Kuss war lang und gut,
und ich bewundere deinen Mut.
Aber mit nur einem Kuss
eroberst du kein Herz."

Voll Schmerz
nimmt er das Glas
Und fragt:
"Wars das?"

Sie sagt:
"Im Gras,
da hab ich dich geliebt,
doch allzu kurz
war dieser Kuss,
er war wie Krieg,
und unser Spass
ein Muss."

Dann liegt
auch er wie tot
im Gras
und träumt vom zweiten Kuss
und dritten Glas.

## 24. Woche: Auf großem Fuss

Ich kann, ich will,
ich darf, ich muss,
und leb auf grossem Fuss,
bis mir die Puste ausgeht.
Dann wird es still
im Land der grossen Pusten.

Ich kann, ich will,
ich darf, ich muss,
und fliess ganz sanft
im warmen Fluss.

Ganz sittsam und heiter
fliess ich herab
und immer weiter.
Bis auch meinem Fluss
die Puste ausgeht.

Dann ein Kuss,
vom Pusten
verweht,
endet als Husten
und fleht:
"Nimm mich mit,
kleiner Mann."

Doch auch hier versagt mir die Puste.
Der Kuss
geht unter
und stirbt im Fluss.

Ich kann, ich will,
ich darf, ich muss,
ganz munter
leb ich auf grossem Fuss.

## 25. Woche: Im Stau

Bei Magenstau
wird´s mir ganz flau
im Magen.

Ohne Worte
fang ich an zu fragen,
ob man
das Geschehen
am gleichen Orte
verstehen
kann.

Doch bei soviel Fragen
wird´s mir ganz flau
im Magen,
und ich bericht,
wie mir vor lauter Fragen
der Magen
bricht.

## 26. Woche: Der Kanonenschlag


Ein Kanonenschlag
voll Donner
war dieser Tag
im Sommer.


Die Sonne schien
schon sieben Stunden
rund um den Rosenheimer Berg.
Man lief drei Runden,
dann sah man den Zwerg.
Das andere Gesicht
erschien so blass
mit Augen
ganz grün und nass
und gross vor
Sorgen.


Am anderen Morgen,
die Sonne schien,
hatte man dem kleinen Wicht
verzieh´n.


Nur, ob mit Anstand
oder Handstand:
Dieser Tag
voll Donner
war ein Kanonenschlag
im Sommer.

## 27. Woche: Im Dach

Das klingt vielleicht beknackt,
im Dach da leben Siebenschläfer.
Seriös sind die nicht,
denn ohne Licht
und ungeniert,
sie sind zu viert,
tanzen alle nackt
im Dach herum.
Und wie das knackt.

Doch gar nicht dumm
erleben wir,
wie das Getier,
eins, zwei, drei,
dann auch zu viert
im Takt
sich amüsiert.
Und wie das knackt.

Dann ist´s vorbei,
der Tanz ist aus,
für alle drei
im leeren Haus.

Doch selbst das Knacken
konnt´s nicht verbergen,
dass sich die Macken
der kleinen Schergen
ab und an,
besonders dann
wenn´s alle merken,
im Takt
verstärken.

Und wie das knackt.

## 28. Woche: Im tiefen Sand

Durch den tiefen Sand
stapft einsam der dicke Mann
am Strand,
und hat nichts besseres zu tun,
als sich auszuruh´n.

"Hey, du dicker Mann,
was liegt so an?"
fragt´s still und heimlich
aus dem Sand.

Der dicke Mann,
ganz aufgebracht,
tanzt eine Acht
am Strand entlang.

Der Sand,
erst nonchalant,
dann laut und ungalant:
"Jetzt fang schon an!"

Der Mann mit aller Macht,
tanzt noch ´ne Acht
und noch ´ne Acht.

Doch dann ist Schluss
mit Tanzen.
Man hört ´nen Schuss
am Strand entlang.

Der dicke Mann sich wiederfand,
nun mausetot,
doch ohne Not
im Sand,
am Strand.

## 29. Woche: Tick Tack

Tick Tack,
die Zeit meint´s gut.

Tick Tack,
die Zeit,
sie schreit
immer nur Tick Tack.

Die Zeit sie lacht,
und macht:
Tick Tack.

Die Zeit
nur Tick Tack,
die ganze Zeit
und schafft
in Ewigkeit
zu leben.

Tick Tack
so heisst das ungeheure Beben
unserer Zeit.

## 30. Woche: Der Witz

In der Hitz´
des Gefecht´s
war´s ein Witz,
der sich rächt.

Es war ein Gelächter
das hing so am Mund,
die Witz´ wurden schlechter,
einem wurd´s dann zu bunt.

"Ich bin doch kein Witz",
ruft der letzte verschmitzt
und vergisst
ganz und gar,
was er ist.

Am Mund rinnt noch Wein,
das Lachen versiegt,
der Witz war ein Schwein
und hat nur gekriegt,
was alle machen.

"Ja, ihr habt gut lachen",
ruft der Witz in die Runde
und lässt einen krachen
aus heiterem Munde.

Jetzt zucken die Münder doch sehr,
man sieht´s ganz genau,
es fällt ihnen schwer
nicht zu lachen.

Dem Witz wird´s ganz flau,
dann bricht´s auch schon los,
der Witz wird zur Sau,
das Gelächter ist gross.
Und prompt
weiss der Witz, was jetzt kommt.

Ein Grunzen,
ein Keuchen,
Verschlucken,
ein Zucken.

Ein Grunzen,
ein Keuchen,
Verschlucken,
ein Zucken.

Dann wird´s still an diesem Ort.

"Totgelacht",
ruft der Witz und geht fort.

In der Hitz´
des Gefecht´s
war´s ein Witz,
der sich rächt.

## 31. Woche: Gesagt, getan

Gesagt, getan,
gemacht, geschafft,
er hatte Grosses vollbracht.

Doch was es war,
flüsterte er
nur mir leis ins Ohr.
Und ich schwor
es niemals zu verkünden.

Nur so viel:
Es reicht auch für
eure Sünden.

## 32. Woche: Der erste Kuss

Die Sonne küsst den Berghang.
Oh, welch´ verbranntes Land,
und schmiegt sich ganz eng an.

Bis eine schattengleiche Hand
den Berghang hebt,
und von diesem ersten Kuss
die Erde bebt.

Bloss, wo ist unser Liebchen geblieben?

Nach kurzer Berührung,
man hat sich die Lenden gerieben,
versank sie,
und ertrank sie
in seliggrüner Milch des Lebens.

Eine schattengleiche Hand winkt von drüben
ganz galant.

Und wieder ist´s der erste Kuss,
der den Hang zum Beben bringt,
und man zum zweiten Mal
das alte Lied besingt.

## 33. Woche: Das rosa Stück

Entlarvend war vielleicht
in jeglicher Beziehung
das pure Fleisch.

Man ass zu zweit
ein rosa Stück
und auch mal mehr
zu seinem Glück.

Doch dann geriet
das grosse Schiff
ins Wanken.
Man stürzt
und rutscht
auf rosa Planken
ins scharfe Riff
und schreit:
"Das Vieh,
das Vieh
zerreisst mein Kleid."

Doch dann beim Essen
schaut man zu,
wie Stier
und Kuh
sich fressen
und isst mit.

## 34. Woche: Die Arroganz der Grossfinanz

Die Arroganz der Grossfinanz
hat trotz Licht und goldgelbem Glanz
kein Gewicht.

Gekämmt und gebügelt,
von vorne ganz fix,
mit Eisen gestriegelt,
das ist jetzt kein Witz.

Das Hemd glatt verriegelt,
die Nase schön spitz,
die Hos´ vorn versiegelt,
platzt dumpf in der Hitz´.

Die Arroganz
der Grossfinanz
wirkt im Glanz
unserer Nacht
wie ausgedacht.


Oh,
welch´ seltsame Pracht.

## 35. Woche: Der Stab

Ein Stab geführt von Kindeshand,
voll Unschuld und von schmalem Sein,
hat hier den bösen Buben benannt,
der schlimmer ist als Kain.

Schnell taucht der Stab ins Gelbe ein,
'ne Hand zum Streicheln zart,
fährt hinterrücks durch Mark und Bein,
und packt den Buben hart.

Doch dieser hat nun Blut geleckt,
geschickt dreht er sich um.
Der Stab vom Weissen nun bedeckt,
bedauert keineswegs sein tun.

Am Fenster steht der Bube nun,
streckt meilenweit sich fort.
Der Pfropfen tut im Munde ruh'n
und träumt vom Brudermord.

Der Bube schlürft den Zucker leer,
der Vater gibt ihm immer mehr,
bis alles wird im Bild
zu wild
und fünfzig Zentner schwer.

## 36. Woche: Der Dolch

Der Dolch war es,
der tönt,
voll Ungemach
und rastlos Hast
dem Untergange frönt.

Dort streckt vom Hals
der Dolch sich fort.
Und da, wo Salz
in ewig Hatz
und endlos Mord
mit Fischen ringt,
hat unser Dolch ein einsam Platz.

Der Dolch,
er tönt und singt gar bitterlich,
das Ende scheint schon nah,
den einen ach so fürchterlich
doch wohlgemeinten Satz:
"Bewegt mich fort
von diesem bitterkalten Ort".

Doch viel zu schnell
der Dolch sich windet,
die Strass´ schön hell
den Weg man findet.

Nun steht der Dolch ganz still
und will im ganzen Leben
nie mehr ein seltsam Tönen
von sich geben.

Dann flattert nur der Stoff im Wind
und heilt das nass´ und kalte Kind.

## 37. Woche: Der Einhundertmann

Er war Einhundertmann
und man hat ihn bewundert,
wenn er kam.

Dieser merkwürdige Mann,
dessen Kunst im Dunst
von einhundert Fragen verschwand.

Einhundert war er gross dieser Pudelmann.
Und erst auf dem Schoss einer Wolke
fing er an mit
- Einhundert -.

Am Morgen danach sprach er´s gleich wieder an
die Einhundert,
unser Einhundertmann
und man schaut ganz verwundert,
was er noch alles kann,
dieser Einhundertmann.

## 38. Woche: Il Sogno – Der Traum

Ohne sein betörendes Lächeln
ging er nicht aus dem Haus,
dieser hechelnde Traum.

Er war wie ein Baum,
und man merkte es kaum,
wenn in der Nacht
dieses merkwürdige Geäst
einem den Rest
gab.

Dann hing wie ein Tuch
ein bös´ anmutender Fluch
über seinen Schultern und rief:
"Rübe ab!"

Dabei schlief man schon seit Stunden
im hölzernen Thron
und wiegte den Sohn
in den Schlaf.

Sein betörendes Lächeln
hing so furchtbar brav
in den Schultern des Baums.

"Aufwachen, kleiner Traum,
aufwachen, kleiner Traum!"

Doch,
wer soviel Schaum schlägt in der Nacht,
der wird umgebracht:
Rübe ab,
um Viertel vor Acht!

## 39. Woche: Das Messer

Ein Messer führt geschickt die Hand
am Rücken einer Blonden lang.
Am Anfang war´s nur kalter Stahl,
bis dann der Schaft die Lücke fand.

Die Blonde seufzt zwei Mal,
ist sichtlich jetzt erregt,
wird Donnerwetter schwer
und fängt zum Bücken an.

Verdammt,
das Messer spricht zum Rücken nun:
"Du bist zum Bücken viel zu schön."
Und rammt sich tief ins warme Fleisch.

Ganz weich und warm wurd´s da dem Arm
und dann der Hand,
und als die Lust in´s Zittern schwand,
der Wollust bitterer Geschmack
den Vieren so den Spass verdarb.

Das Messer gab nun auf und starb.
Die Blonde hat sich schön bedankt
und erst bei Jahresend´ erkannt,
wie wunderbar die Lust doch war.

Die Hand fand´s schräg und sonderbar
und hakte gierig nach.
Doch als die Blonde sprach,
gab auch die Hand dies Tun um Lust
mit stolzer Wirkung auf.

## 40. Woche: Der Stammtisch

Fünf sassen am Stammtisch
und soffen Bier.
Da sagte der eine ganz tief
und betroffen:
"Wir sind doch nur ...
vier hier."

## 41. Woche: Der Schatten

Ein Schatten geht zur Sonne hin
des schwarzen Seins gar müde
und fragt die Sonn´ nach seinem Sinn,
es lässt ihm keinen Frieden.

Doch diese sieht den Schatten nicht,
hört nur ´ne Stimme raunen,
denn grell steht der im weissen Licht,
geblendet von den Launen.

Jetzt lacht die Sonn´ den Mut´gen an
und küsst ihn tief bis ins Gemüt,
den wundersammen schwarzen Mann,
vielleicht war jeglich´ Frag´ verfrüht?

Zerfliessen tut der Schatten nun,
voll Tatendrang ins Licht hinein.
Die Frage nach dem Sinn tut ruh´n,
es reicht ihm dort im Hell´ zu sein.

So hat´s ein Schatten leicht gehabt,
obwohl vom Sein enttäuscht,
am Leib der Sonn´ er wund sich labt,
das Schwarz ist schnell entfleucht.

## 42. Woche: Der Sinn

Kurze Rede, langer Sinn.
Wohin auch immer man schaut,
bis ans Ende der Stadt,
sieht man ein Schimmern
in der Ferne ganz matt.

Dann wird man entdecken,
dass das Flimmern
leicht golden schimmert,
wie immer,
wenn der Sinn kurz redet
und leis´ wimmert.

## 43. Woche: Das Viereck


Ein Viereck
ging verkleidet
als Speck
zum Liebe machen.
Dabei vermeidet
es tunlichst zu lachen,
denn wer beim Liebe machen
lacht,
riskiert,
dass Geister erwachen,
die statt betören
das Liebesspiel nur stören.

Ermattet nach glänzender Nacht
geht der Speck nun Mäuse fangen.
Die hängen schön abgehangen
über'm Bett
und schauen die ganze Zeit recht nett
dem "Liebe machen" zu.

"Was tuschelt ihr so?",
fragt der Speck
die Mäuse.
Die rufen vor Schreck
laut "Hallo",
und kichern ganz schadenfroh.

"Was gibt's da zu lachen,
ihr ekligen Dinger,
was sind das für Sachen?

Ich brech´ euch die Finger,
wenn ihr´s nicht erzählt."

Die Mäus´ jetzt gequält
fangen an mit dem Sprechen:
"Du bist zwar schön speckig
und kannst ganz gut hecheln,
doch als Viereck zu eckig,
dass muss sich doch rächen."

Da wird der Speck ganz fleckig
und fängt an zu lecken,
bis glänzend und rund
alle vier bis sechs Ecken
sind taub und ganz wund.

Ein Speck
war verkleidet
als Viereck
zu bunt,
um
Liebe zu machen.
Da hatte manch´ Maus was zu lachen.

## 44. Woche: Bumsfidel

Bumsfidel und voller Kraft
steht unser Elend voll im Saft
und hatt' vor Lust schon fast vergessen
den Grad des Unglücks hier und dort
und überall zu messen.

## 45. Woche: Der Reim

"Wozu soll das gut sein?",
fragt ein Reim
den Ander´n.

Der grübelt nur kurz
und spricht:
"Reim und Sein,
das reimt sich nicht."

"Was nun?
Was willst du tun,
mich verfluchen,
dir einen neuen Partner suchen?"
ruft der And´re empört,
doch keineswegs verstört,
denn Reim und Sein,
das weiss auch er,
sind doch nur Schein
und völlig leer.

"Nein, nein,
schon gut,
das Sein
ihm entgegnet,
wir trinken Ein´
und schür´n unsere Glut,
bis es draussen wieder regnet...

## 46. Woche: Das Mädchen 25

Sie war ein Mädchen mit Nummer.
Mit 25 fing alles an.
Und als sie an die Reihe kam,
war der Kummer gross:
Denn ohne wenn und aber
zeigte sie jedem ihren dunklen Schoss.

Ganz rot wurd's einem da vor Augen
und man sagte leis': "Hallo",
und man will dort dran saugen,
wo rot die Zeit sich erhitzt.

Dann vom Tun nass verschwitzt
zählt man,
bis auch die Nummer
ganz verschmitzt,
es war Sommer,
25 sagt.

Sie war eine Nummer
ein Mädchen mit Kummer,
das meine Seele plagt,
das unsere Seele plagt.

## 47. Woche: Der andere Zustand

Im Garten der Mystik verloren,
hatte unser Freund geschworen
den anderen Zustand
mit nur einer Hand leicht zu umkreisen.

Wie auf sanften Gleisen
glitt unser Freund dann zurück
in den anderen Zustand,
der wie von fremder Hand
jetzt zehnfach glückt.

"Jetzt langt's,
ich will nicht mehr,
mir graut's vor'm Zustand doch zu sehr."

Im Garten der Mystik verloren
hatte unser Freund den anderen Zustand erkoren,
ihm ein Zeichen zu geben:
"So will ich leben?"

## 48. Woche: Dralles und Pralles

Dralles und Pralles aus allerlei Leben
will mancherorts nach Höherem streben.

Vom Tun ganz beglückt,
zum Tanz schnell geschickt,
hängen die Grossen und Kleinen zusammen
und stammeln:
"Wir sind wieder wer!"

Dralles und Pralles aus allerlei Leben
will mancherorts nach Höherem streben.

Gedreht und gewendet
mit fünferlei Stricken,
gebraten, geschändet,
das schmerzt jetzt nicht mehr.

Denn bei soviel Verkehr
kann allerlei Dralles
im richtigen Leben
viel Schönes und Pralles
ergeben.

## 49. Woche: Die Schokodame

Die Schokodame ging zum Baden
und tropfte dann als schwarzer Faden
´ne rote Spur ins Land.

Man sah von der Dam´
bloss dies´ schwarze Band,
bis ein Hund dahinterkam.
Der hatte verraten,
wo süss man fand,
diese kleinen Füss´
im Hunde-Leckerland.

Dann lag sie da,
so ganz erhaben
wie Schokoguss,
und man sah ganz klar,
dass diese Dame
bloss
ein schrecklich schöner Kuss
zum Schlecken war.

## 50. Woche: Das Sex Abenteuer

Dieses Sexabenteuer
war, mit Verlaub, viel zu teuer:
Denn sein Liebchen war schön,
doch auf einem Ohr taub.

Sie hörte, und das mit Verlaub,
nicht das Geringste.
Nicht das es ihn störte,
doch er ahnte das Schlimmste:

Denn sie liebten in Zimmern,
und das mit Verlaub,
in feinster Manier
sich das Hirn zu zertrümmern.
Auch er wurd′ ganz taub
auf dem einen Ohr.

Zu teuer
war dieses Sexabenteuer,
denn sein Liebchen war mit Verlaub
auf einem Ohr taub.

### 51. Woche: Der Baum Teil 2

Man glaubt es kaum,
da steht ein Baum.
Ohne zu zögern
bleibt man steh´n
und staunt
über die grossen Füsse,
die ihn am Geh´n
hindern.

"Gut gelaunt,
und wegen der Kinder,
bleibe er da",
ruft er,
als er uns sah.

Doch dann
kratzt der Baum
sich am Saum
seines Rocks
und gesteht,
wenn´s keiner sieht,
geht er doch lieber weg.

Man glaubte es kaum,
mit riesigen Füssen
stand er im Raum.
Vielleicht hätt man ihn giessen
müssen.
Oder die Füsse küssen,
dann wär´ er noch da,
unser Baum

## 52. Woche: Das Jahr

Schon am ersten Tag
gute Miene zum bösen Spiel:
- You never know -.

Andere lachten viel
und hatten ihren Anteil am
Ball flach halten, wie auch immer.

Aber es wurd´ nur noch schlimmer.
Und bis zum letzten Tag
habe ich auf etwas gewartet,
das am Rosenheimerberg
mein Herz juchzen lässt.

Aber der war wegen Überfüllung geschlossen.
Also habe ich ´ne Rose geschossen
und kann mit Stolz behaupten:
"Wieder ist ein Jahr verflossen."

Inhaltsangabe

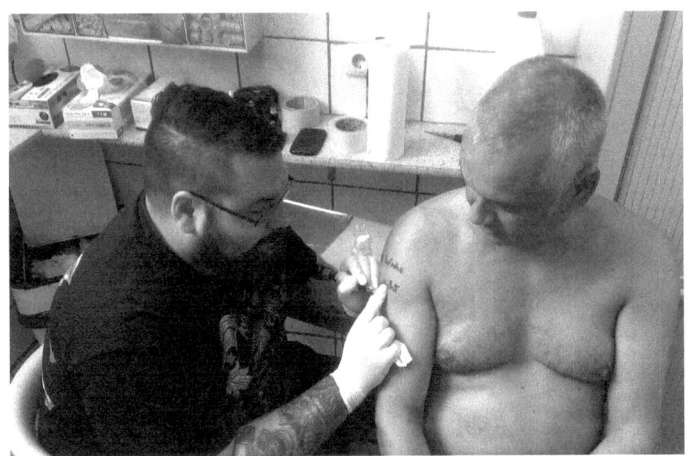

Jack´s Art Tattooing / München Juli 2014

Sauer, Frank: Jede Woche ein Gedicht, oder wie ein Stuhl mit seiner Kette bricht! München, Oktober 2014

Cover: Frank Sauer

www.jedewocheeingedicht.de
www.gedicht-zum-neuen-Jahr .de

Erstauflage

Herstellung und Verlag:
BoD - Books on Demand, Norderstedt

ISBN 9783735724687